Lese-Lausch Abenteuer

Dino-Stadt

AF631120

Die Stadt der Dinosaurier

Ben und Maja sind wieder
in dem unheimlichen Haus,
das sie schon in den Zauberwald
und die Tiefsee geschickt hat.
Die Geschwister wollen
ein neues Abenteuer erleben.
Aber was verbirgt sich
diesmal hinter den Türen?

Oskar läuft los und kratzt an einer Tür,
auf der ein großer Fuß
mit spitzen Krallen abgebildet ist.
Dabei bellt er laut.
„Warum willst du denn
unbedingt hier durch?“,
stöhnt Ben. „Dahinter lauern
bestimmt Raubtiere auf uns.“

„Bei den anderen Abenteuern hat Oskar auch einen guten Riecher gehabt“, überlegt Maja. „Wir sollten ihm vertrauen.“
Als sie nach dem Türknauf greift, wedelt Oskar freudig mit dem Schwanz. Maja öffnet die Tür und die drei werden in die Tiefe gezogen.

Saloon

„Äh, ich bin Ben und
das ist meine Schwester Maja“,
erklärt Ben. „Und unser Hund heißt Oskar.“
„Und wie seid ihr zu uns
gekommen?“, fragt Hörnchen.
„Das ist eine echt lange Geschichte“,
antwortet Ben ausweichend.
„Die erklären wir dir später.“

Ben und Maja wischen sich
den Schweiß von der Stirn.
„Ihr braucht dringend
Wasser und andere Kleidung!
Schließlich sind wir hier
im Wilden Westen“, stellt Hörnchen fest
und brüllt laut: „Lola! Komm raus!“
Hinter einem riesigen Haus
erscheinen zwei schwarze Augen.
Dann schiebt sich ein Kopf
und ein meterlanger Hals hinterher.
„Braucht ihr was?“,
fragt ein Langhalssaurier.

„Tu doch nicht so, Lola!
Du hast uns die ganze Zeit
belauscht!“, sagt Hörnchen.
„Schon gut, schon gut!“,
antwortet Lola beleidigt.
Dann zieht sie mit dem Maul Hüte,
Hemden und Halstücher
aus dem Planwagen auf ihrem Rücken.
Geschickt schleudert sie die Sachen
vor Ben, Maja und Oskar.

„Na, durstig?“,
fragt Hörnchen, nachdem sich
die drei umgezogen haben.
Dabei deutet er zu einem großen Haus
mit einer Schwingtür.
„In unserem Saloon gibt es
die beste Kaktusmilch weit und breit!“,
sagt Hörnchen und trabt los.

„Toll!“, ruft Ben,
als sie den vollen Saloon betreten.
„In der Mittagshitze verziehen sich fast
alle in die Häuser“, erklärt Hörnchen.
Hinter der Bar steht eine Raptordame
mit rosa Federn.
Um einen Tisch sitzt eine wilde Bande
und ist in ein Pokerspiel vertieft.
Am Klavier spielt
eine Raptordame mit blauen Federn
und singt dazu.

JOKER

Rambo springt auf die Lampe
und schaukelt so stark hin und her,
dass die Decke Risse bekommt.
Federblau eilt mit dem Krug herbei
und Rosa bricht in Tränen aus.
Doch die Ramba Zambas beachten
die Raptordamen gar nicht.

„Verschwindet!“, ruft Ben wütend.
„Und lasst euch hier nie mehr blicken!“,
fügt Maja hinzu.
Rambo hört auf zu schaukeln
und blinzelt die Geschwister verblüfft an.
„Habe ich richtig gehört?
Wir sollen verschwinden?“,
kreischt er, springt von der Lampe
und landet vor Bens Füßen.
„Und was kriegen wir dafür?“

Jetzt dreht sich Lex zu Ben und Maja.
Er ist so riesig, dass er nur
gebückt stehen kann.
Geschickt spielt er
mit seinen langen, spitzen Krallen.

Ben und Maja schauen
ängstlich nach oben
und halten die Luft an.
„Was haltet ihr von
einem kleinen Duell?“
Lex grinst und zeigt seine gelben Zähne.
Ben und Maja schlucken.
„Duelle sind verboten“,
mischt sich Hörnchen ein.
„Verboten! Verboten!“,
kreischt Denni und lacht schrill.

Das Duell

„Wir nehmen die Herausforderung an!“,
sagt Maja und stemmt
die Hände in die Hüften.
„Wenn ihr gewinnt,
verlassen wir die Stadt wieder.
Aber wenn wir gewinnen,
müsst ihr in die Wüste ziehen
und die Bewohner für immer
in Ruhe lassen.“
„Bist du verrückt geworden?“, flüstert Ben.
„Du willst dich mit der Bande einlassen?“

„Wer seinen Eimer zuerst
ausgetrunken hat,
gewinnt das Duell“,
erklärt Rambo und verteilt Gläser.
„So viel kann ich nicht auf einmal trinken“,
stöhnt Maja.
Doch auch Franki seufzt,
als er Rambos Vorschlag hört.
Schließlich haben
die Saurier den Tag
im Saloon mit Pokern
und Kaktusmilch verbracht.

Bis auf Lex und Oskar
nehmen alle ihre Gläser.
Lex greift mit seinen Klauen
direkt nach dem Eimer
und Oskar steckt seinen Kopf hinein.
Miro fliegt zu Oskar und setzt sich
auf den Rand des Eimers.
„Auf die Plätze, fertig, los!“,
ruft Rambo.
Sofort fangen alle an zu trinken.

Von den Sauriern
gibt Franki als Erster auf.
Dann folgt Denni.
Schließlich geben
sich auch Maja
und Ben geschlagen.
Jetzt schlürfen nur noch
Oskar und Lex.
Doch plötzlich
stellt Lex
den Eimer ab.

Er hält sich den Bauch und rülpst laut,
während Miro den Rand
des Eimers in den Schnabel nimmt,
um ihn Oskar schräg hinzuhalten.
Oskar schleckt die letzten Tropfen
vom Boden.
Dann schmatzt er zufrieden.

1
2 3 4
5 6 7 8 9
10 11 12 13 14 15

„Das gilt nicht!“, ruft Rambo sofort.
„Natürlich gilt das!
Du hast selbst gesagt:
Freie Wahl der Mittel“,
mischt sich Hörnchen
wutschnaubend ein.

Lex tritt so fest mit dem Fuß auf,
dass die Häuser beben.
Trudi brüllt: „Wir waren viel besser
als ihr mit eurem albernen Ziehgummi!"
„Da hört ihr es: Wir haben gewonnen!
Es steht 1:1!", kreischt Franki.
„Ihr habt nicht gewonnen",
brüllt Hörnchen.
„Was regst du dich so auf?
Seit wir da sind
hast du in der Stadt doch
noch nie für Ordnung gesorgt",
sagt Denni und kichert.
Hörnchen wird vor Zorn
dunkelrot im Gesicht.

„Ich weiß schon,
was wir als Nächstes machen:
Lassowerfen!“, ruft Rambo.
Wie auf Kommando
läuft Denni zum Planwagen und
kommt mit einem Seil
im Maul zurück.
„Du bist dran, Sheriff!“
Rambo lacht hämisch.
Die Geschwister schauen betroffen
zu dem Triceratops.
Wie er mit seinen Pranken
ein Lasso werfen soll,
ist ihnen wirklich ein Rätsel.
Da hüpft Miro zu ihnen.

Er schaut Ben und Maja
aufmunternd an.
„Ist Hörnchen denn
ein guter Lassowerfer?“,
fragt Maja leise.
Miro nickt begeistert.

Die Goldsuche

Einen Moment später
sitzen die Geschwister
in Hörnchens Zimmer.
Vor ihnen auf dem Tisch stehen
Blechbecher mit
Agaventee.
„Es bleibt nur eins:
Wir müssen Rexi
um Hilfe bitten“,
sagt Hörnchen.

„Aber um ihn zu bezahlen,
brauchen wir Gold“,
wirft Ben ein.
„Und um Gold zu finden,
brauche ich eure Hilfe!“,
sagt Hörnchen und steht auf.

Der Sheriff geht zu einer Kiste
und steckt seinen Kopf hinein.
Als er ihn wieder herauszieht,
hat er einen Brief in der Schnauze
und bringt ihn zu Ben.

„Das sind ein Brief und zwei Karten
von meiner verstorbenen Tante Sissi,
der besten Goldgräberin im Wilden
Westen.

Leider kann ich nicht lesen.
Aber ich wette, die Karten verraten,
wo wir eine Goldader finden“,
erklärt Hörnchen.
Ben faltet Brief und Karten auseinander
und liest laut vor:

Mein geliebtes Hörnchen,

ich will dir nun verraten,
wo du viel Gold findest.
Erinnerst du dich, wo ich dir
deine erste Weste geschenkt habe?
Gehe zu dieser Stelle
und folge den alten Gleisen
in östlicher Richtung,
bis du zu einem Fluss kommst.
Er führt dich zum richtigen Ort.
Dann folge dem eingezeichneten
Weg auf der zweiten Karte.

Deine alte Tante Sissi

„Lasst uns sofort aufbrechen.
Wenn die Ramba Zambas merken,
dass wir die Stadt verlassen,
verfolgen sie uns vielleicht.
Denen traue ich alles zu“,
sagt Hörnchen.

Schnell packt er Wasser, Brotteig,
eine Mundharmonika, eine Lampe
und Werkzeug in seine Tasche.

Kurz darauf reiten die Freunde
auf Hörnchen durch die Wüste.
„Hast du auch das Gefühl,
dass wir beobachtet werden?“,
fragt Ben und schaut sich um.
Maja nickt.
Aber um sie herum ist alles ruhig.
Am späten Nachmittag erreichen
sie eine verlassene Holzhütte,
an der stillgelegte Bahngleise
entlanglaufen.

Hörnchen stellt sich auf die Veranda.
„Hier hat mir meine Tante die
Cowboyweste geschenkt",
sagt er und schaut zur Sonne.
„Dort ist Osten."
Maja folgt seinem Blick.
„Dann müssen wir den Gleisen
in diese Richtung folgen",
stellt sie fest.

Am nächsten Morgen folgen die Freunde weiter dem Flusslauf. Unterwegs kommen ihnen verschwitzte, müde Dinosaurier mit Spitzhacken entgegen. Andere Dinosaurier stehen im Fluss und sieben Wasser. Aber Gold scheint keiner von ihnen zu finden.

Als das Flussbett weiter wird,
fliegt Miro vor und setzt sich auf
einen Bretterverschlag,
der in einen Felsen führt.
„Wir sind da. Miro zeigt uns
den Eingang zur Goldmine!“,
ruft Hörnchen und schaut
durch den Bretterverschlag
in den Felsengang.

„Oh weh! Hier ist offenbar
der Gang zusammengebrochen.
Da komme ich nicht durch“,
sagt Hörnchen betrübt.
„Ihr müsst ohne mich weitergehen.“
Die Geschwister nehmen
eine Lampe und die Spitzhacke
aus Hörnchens Rucksack.
Dann klettern sie von seinem Rücken
und Miro flattert auf Oskars Kopf.
Nacheinander gehen die Freunde
durch den Bretterverschlag
und verschwinden im Felsen.

„Darf ich mich vorstellen?
Ich heiße Charli und bin Reporter!",
sagt er und macht ein Foto.
„Hören Sie auf!", ruft Maja und
hält sich schützend
die Hände vors Gesicht.
„Nicht so schüchtern!", winkt Charli ab
und knipst einfach weiter.
„Habt ihr was Schönes
aus der Mine mitgebracht?"
Dabei schaut Charli auf Bens
ausgebeulte Hosentasche.

„Davon darf niemand etwas erfahren!“,
sagt Hörnchen barsch.
„Ich will doch nur mal kurz gucken!“,
erwidert Charli und greift einfach
in Bens Tasche.
„Was für ein hübscher Klumpen“, sagt er
und macht blitzschnell ein Foto vom Gold.
Dann läuft er einfach davon.

Der Überfall

„Hoffentlich zeigt Charli das Foto nicht den Ramba Zambas“, stöhnt Hörnchen.
„Wir müssen das Gold so schnell wie möglich zur Bank bringen

und im Tresor einschließen,
bevor wir von ihnen überfallen werden!“
Ben steckt das Gold wieder ein.
„Aufsteigen!“, befiehlt Hörnchen.
Maja und Ben klettern
auf seinen Rücken
und halten sich an den Hörnern fest.
Oskar springt mit Miro
auf Hörnchens Schwanz.
Im schnellen Trab geht es zurück.

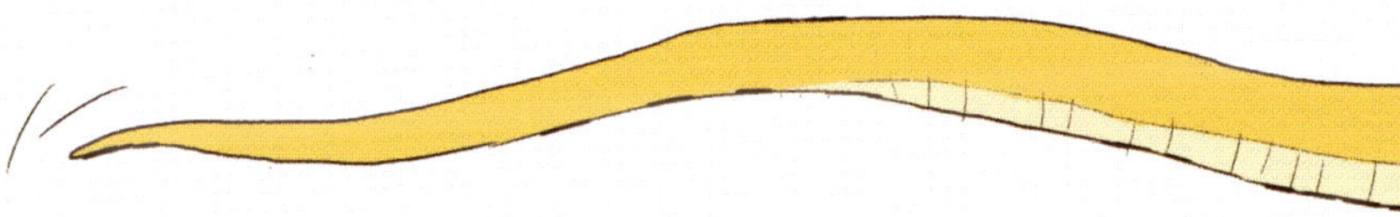

Als die fünf in die Stadt reiten,
dämmert es bereits.

Hörnchen trabt direkt
auf die Bank zu.
Doch plötzlich erscheinen Schatten
an den Hauswänden,
die blitzartig wieder verschwinden.
Maja und Ben klammern sich
ängstlich aneinander
und Oskar winselt.
„Hoffentlich waren das nicht
die Ramba Zambas“, flüstert Maja.
Ben greift mit einer Hand in die
Hosentasche.
Puh! Das Gold ist noch da.

BANK

„Miro wird heimlich
zur Lok fliegen und herausfinden,
wie es Oskar geht“,
schlägt Hörnchen vor.
Miro nickt und hüpft
aufgeregt hin und her.
„Pass auf dich auf
und halte dich versteckt!
Die Ramba Zambas dürfen dich
nicht auch noch erwischen,
mein kleiner Freund!“
Miro reibt seinen Schnabel an
Hörnchens Wange.
Dann breitet er die Flügel aus
und verschwindet in der Dunkelheit.

„Und wir sagen jetzt den anderen,
dass Oskar entführt ist.
Also, auf in den Saloon!“,
sagt Maja und geht los.

Als die Freunde
den Saloon betreten,
drängeln sich überall Dinosaurier,
die trinken, tanzen und lachen.
Rosa und Federblau
laufen hin und her,
um den Gästen Essen
und Getränke zu bringen.
„Ruhe, Leute!", brüllt Hörnchen
und stampft auf den Boden.
Sofort wird es still.

Die Verfolgung

Wenig später reiten
die Geschwister auf Hörnchen
zum Gefängnis.
Als sie ankommen,
sind fast alle Stadtbewohner da.

Nur Theo, der Barbier, und sein Kumpel
Stego, der Gefängniswärter, fehlen noch.
Dann hasten sie herbei.
Stego trägt ein langes Seil,
mit dem er die Banditen
gefangen nehmen kann.
Jetzt kann es losgehen!

Mit Ben und Maja auf dem Rücken
führt Hörnchen seine Truppe an.
Gemeinsam ziehen sie zu den
Ramba Zambas in die Wüste.

„Wir sind bald da!“,
sagt Ben zu Maja und zeigt auf
einen schwarzen Fleck am Horizont.
Langsam nähern sich die Dinosaurier
dem Versteck der Banditen.
Vor der Lok liegt Lex und schläft.
Franki sitzt auf dem Dampfkessel.

Anstatt Wache zu halten,
schaut er Denni und Trudi zu.
Die beiden spielen
mit Oskar Bällchenwerfen.

„Oskar!“, ruft Maja laut.
Als Oskar Majas Stimme hört,
rennt er fröhlich bellend zu ihnen.
Denni und Trudi schauen
ihm verblüfft hinterher.
Dann erkennen sie die Stadtbewohner
und erstarren vor Schreck.

Maja und Ben springen
von Hörnchen
und umarmen Oskar fest.
Als Miro zu ihm fliegt,
wedelt er freudig
mit dem Schwanz.

„Die Ramba Zambas haben
Oskar gut behandelt!“,
stellt Hörnchen erleichtert fest.
„Trotzdem sollen sie
für all ihre Missetaten
eine gerechte Strafe erhalten!“

„Genau! Ab mit ihnen ins Gefängnis!“,
ruft Stego.
„Hinter Gitter mit den Banditen“,
stimmt sein Kumpel Theo ein.
Durch den Lärm wach geworden,
fliegt Franki aufgescheucht
in die Luft und Lex
steht langsam auf.

Denni und Trudi hüpfen
ängstlich in die Lok.
Mit Rambo in ihrer Mitte
springen sie auf der anderen Seite
wieder aus den Fenstern.
„Achtung! Die Ramba Zambas
wollen fliehen!
Wir müssen sie aufhalten!“, ruft Ben.

„Was geschieht jetzt mit uns?“, fragt Rambo zerknirscht.
„Darüber müssen wir noch beratschlagen.
Jetzt gehen wir alle zurück in die Stadt.
Und kommt nicht auf die Idee, abzuhauen!“, sagt Hörnchen und sieht die Ramba Zambas streng an.

Stego bindet die fünf Banditen
mit seinem Seil aneinander.
So trottet die Bande Hörnchen hinterher.
„Und ordentlich in einer Reihe bleiben,
verstanden!?“, befiehlt der Sheriff
und grinst.